全国人民代表大会常务委员会公报版

中华人民共和国外国国家豁免法

中国民主法制出版社

图书在版编目（CIP）数据

中华人民共和国外国国家豁免法/全国人大常委会办公厅供稿.—北京：中国民主法制出版社，2023.8
ISBN 978-7-5162-3362-7

Ⅰ.①中… Ⅱ.①全… Ⅲ.①外国国家豁免法—中国 Ⅳ.①D922.281

中国国家版本馆 CIP 数据核字（2023）第 164096 号

书名/中华人民共和国外国国家豁免法

出版·发行/中国民主法制出版社
地址/北京市丰台区右安门外玉林里 7 号（100069）
电话/（010）63055259（总编室） 63058068 63057714（营销中心）
传真/（010）63055259
http：//www.npcpub.com
E-mail：mzfz@npcpub.com
经销/新华书店
开本/32 开 850 毫米×1168 毫米
印张/0.75 字数/10 千字
版本/2023 年 9 月第 1 版 2023 年 9 月第 1 次印刷
印刷/河北文盛印刷有限公司

书号/ISBN 978-7-5162-3362-7
定价/8.00 元
出版声明/版权所有，侵权必究。

（如有缺页或倒装，本社负责退换）

目　录

中华人民共和国主席令（第十号）………………（1）

中华人民共和国外国国家豁免法………………（3）
全国人民代表大会宪法和法律委员会关于
　《中华人民共和国外国国家豁免法（草案）》
　审议结果的报告………………………………（12）
全国人民代表大会宪法和法律委员会关于
　《中华人民共和国外国国家豁免法（草案
　二次审议稿）》修改意见的报告……………（15）

中华人民共和国主席令

第十号

《中华人民共和国外国国家豁免法》已由中华人民共和国第十四届全国人民代表大会常务委员会第五次会议于2023年9月1日通过，现予公布，自2024年1月1日起施行。

中华人民共和国主席　习近平
2023年9月1日

中华人民共和国外国国家豁免法

（2023年9月1日第十四届全国人民代表大会常务委员会第五次会议通过）

第一条　为了健全外国国家豁免制度，明确中华人民共和国的法院对涉及外国国家及其财产民事案件的管辖，保护当事人合法权益，维护国家主权平等，促进对外友好交往，根据宪法，制定本法。

第二条　本法所称的外国国家包括：

（一）外国主权国家；

（二）外国主权国家的国家机关或者组成部分；

（三）外国主权国家授权行使主权权力且基于该项授权从事活动的组织或者个人。

第三条　外国国家及其财产在中华人民共和国的法院享有管辖豁免，本法另有规定的除外。

第四条 外国国家通过下列方式之一明示就特定事项或者案件接受中华人民共和国的法院管辖的，对于就该事项或者案件提起的诉讼，该外国国家在中华人民共和国的法院不享有管辖豁免：

（一）国际条约；

（二）书面协议；

（三）向处理案件的中华人民共和国的法院提交书面文件；

（四）通过外交渠道等方式向中华人民共和国提交书面文件；

（五）其他明示接受中华人民共和国的法院管辖的方式。

第五条 外国国家有下列情形之一的，视为就特定事项或者案件接受中华人民共和国的法院管辖：

（一）作为原告向中华人民共和国的法院提起诉讼；

（二）作为被告参加中华人民共和国的法院受理的诉讼，并就案件实体问题答辩或者提出反诉；

（三）作为第三人参加中华人民共和国的法院受理的诉讼；

（四）在中华人民共和国的法院作为原告提起诉讼或者作为第三人提出诉讼请求时，由于与该起诉或者该诉讼请求相同的法律关系或者事实被提起反诉。

外国国家有前款第二项规定的情形，但能够证明其作出上述答辩之前不可能知道有可主张豁免的事实的，可以在知道或者应当知道该事实后的合理时间内主张管辖豁免。

第六条 外国国家有下列情形之一的，不视为接受中华人民共和国的法院管辖：

（一）仅为主张豁免而应诉答辩；

（二）外国国家的代表在中华人民共和国的法院出庭作证；

（三）同意在特定事项或者案件中适用中华人民共和国的法律。

第七条 外国国家与包括中华人民共和国在内的其他国家的组织或者个人进行的商业活动，在中华人民共和国领域内发生，或者虽然发生在中华人民共和国领域外但在中华人民共和国领域内产生直接影响的，对于该商业活动引起的诉讼，该外国国家在中华人民共和国的法院不享有管辖豁免。

本法所称商业活动是指非行使主权权力的关于货物或者服务的交易、投资、借贷以及其他商业性质的行为。中华人民共和国的法院在认定一项行为是否属于商业活动时，应当综合考虑该行为的性质和目的。

第八条 外国国家为获得个人提供的劳动或者劳务而签订的合同全部或者部分在中华人民共和国领域内履行的，对于因该合同引起的诉讼，该外国国家在中华人民共和国的法院不享有管辖豁免，但有下列情形之一的除外：

（一）获得个人提供的劳动或者劳务是为了履行该外国国家行使主权权力的特定职能；

（二）提供劳动或者劳务的个人是外交代表、领事官员、享有豁免的国际组织驻华代表机构工作人员或者其他享有相关豁免的人员；

（三）提供劳动或者劳务的个人在提起诉讼时具有该外国国家的国籍，并且在中华人民共和国领域内没有经常居所；

（四）该外国国家与中华人民共和国另有协议。

第九条 对于外国国家在中华人民共和国领域内的相关行为造成人身伤害、死亡或者造成动产、不动产损失引起的赔偿诉讼，该外国国家在中华人民共和国的法院不享有管辖豁免。

第十条 对于下列财产事项的诉讼，外国国家在中华人民共和国的法院不享有管辖豁免：

（一）该外国国家对位于中华人民共和国领域内的不动产的任何权益或者义务；

（二）该外国国家对动产、不动产的赠与、遗赠、继承或者因无人继承而产生的任何权益或者义务；

（三）在管理信托财产、破产财产或者进行法人、非法人组织清算时涉及该外国国家的权益或者义务。

第十一条 对于下列知识产权事项的诉讼，外国国家在中华人民共和国的法院不享有管辖豁免：

（一）确定该外国国家受中华人民共和国法律保护的知识产权归属及相关权益；

（二）该外国国家在中华人民共和国领域内侵害受中华人民共和国法律保护的知识产权及相关权益。

第十二条 外国国家与包括中华人民共和国在内的其他国家的组织或者个人之间的商业活动产生的争议，根据书面协议被提交仲裁的，或者外国国家通过国际投资条约等书面形式同意将其与包括中华人民共和国在内的其他国家的组织或者个人产生的投资争端提交仲裁的，对于需要法院审查的下列事项，该外国国家在中华人民共和国的法院不享有管辖豁免：

（一）仲裁协议的效力；

（二）仲裁裁决的承认和执行；

（三）仲裁裁决的撤销；

（四）法律规定的其他由中华人民共和国的法院对仲裁进行审查的事项。

第十三条 外国国家的财产在中华人民共和国的法院享有司法强制措施豁免。

外国国家接受中华人民共和国的法院管辖，不视为放弃司法强制措施豁免。

第十四条 有下列情形之一的，外国国家的财产在中华人民共和国的法院不享有司法强制措施豁免：

（一）外国国家以国际条约、书面协议或者向中华人民共和国的法院提交书面文件等方式明示放弃司法强制措施豁免；

（二）外国国家已经拨出或者专门指定财产用于司法强制措施执行；

（三）为执行中华人民共和国的法院的生效判决、裁定，对外国国家位于中华人民共和国领域内、用于商业活动且与诉讼有联系的财产采取司法强制措施。

第十五条 下列外国国家的财产不视为本法第十四条第三项规定的用于商业活动的财产：

（一）外交代表机构、领事机构、特别使团、驻国际组织代表团或者派往国际会议的代表团用于、意图用于公务的财产，包括银行账户款项；

（二）属于军事性质的财产，或者用于、意图用于军事的财产；

（三）外国和区域经济一体化组织的中央银行或者履行中央银行职能的金融管理机构的财产，包括现金、票据、银行存款、有价证券、外汇储备、黄金储备以及该中央银行或者该履行中央银行职能的金融管理机构的不动产和其他财产；

（四）构成该国文化遗产或者档案的一部分，且非供出售或者意图出售的财产；

（五）用于展览的具有科学、文化、历史价值的物品，且非供出售或者意图出售的财产；

（六）中华人民共和国的法院认为不视为用于商业活动的其他财产。

第十六条 对于外国国家及其财产民事案件的审判和执行程序,本法没有规定的,适用中华人民共和国的民事诉讼法律以及其他相关法律的规定。

第十七条 中华人民共和国的法院向外国国家送达传票或者其他诉讼文书,应当按照下列方式进行:

(一)该外国国家与中华人民共和国缔结或者共同参加的国际条约规定的方式;

(二)该外国国家接受且中华人民共和国法律不禁止的其他方式。

通过前款方式无法完成送达的,可以通过外交照会方式送交该外国国家外交部门,外交照会发出之日视为完成送达。

按照本条第一款、第二款规定的方式进行送达的诉讼文书,应当依照该外国国家与中华人民共和国缔结或者共同参加的国际条约的规定附上有关语言的译本,没有相关国际条约的,附上该外国国家官方语言的译本。

向外国国家送达起诉状副本时,应当一并通知该外国国家在收到起诉状副本后三个月内提出答辩状。

外国国家在对其提起的诉讼中就实体问题答辩后,不得再就诉讼文书的送达方式提出异议。

第十八条 经送达完成,外国国家未在中华人民共和国的法院指定期限内出庭的,法院应当主动查明该外国国家是否享有管辖豁免。对于外国国家在中华人民共和国的法院不享有管辖豁免的案件,法院可以缺席判决，但应当在诉讼文书送达之日的六个月以后。

中华人民共和国的法院对外国国家作出的缺席判决，应当按照本法第十七条的规定送达。

外国国家对中华人民共和国的法院缺席判决提起上诉的期限为六个月，从判决书送达之日起计算。

第十九条 中华人民共和国外交部就以下有关国家行为的事实问题出具的证明文件，中华人民共和国的法院应当采信：

（一）案件中的相关国家是否构成本法第二条第一项中的外国主权国家；

（二）本法第十七条规定的外交照会是否送达以及何时送达；

（三）其他有关国家行为的事实问题。

对于前款以外其他涉及外交事务等重大国家利益的问题，中华人民共和国外交部可以向中华人民共和国的法院出具意见。

第二十条 本法规定不影响外国的外交代表机构、领事机构、特别使团、驻国际组织代表团、派往国际会议的代表团及上述机构的相关人员根据中华人民共和国的法律、中华人民共和国缔结或者参加的国际条约享有的特权与豁免。

本法规定不影响外国国家元首、政府首脑、外交部长及其他具有同等身份的官员根据中华人民共和国的法律、中华人民共和国缔结或者参加的国际条约以及国际习惯享有的特权与豁免。

第二十一条 外国给予中华人民共和国国家及其财产的豁免待遇低于本法规定的,中华人民共和国实行对等原则。

第二十二条 中华人民共和国缔结或者参加的国际条约同本法有不同规定的,适用该国际条约的规定,但中华人民共和国声明保留的条款除外。

第二十三条 本法自2024年1月1日起施行。

全国人民代表大会宪法和法律委员会关于《中华人民共和国外国国家豁免法(草案)》审议结果的报告

全国人民代表大会常务委员会：

十三届全国人大常委会第三十八次会议对外国国家豁免法草案进行了初次审议。会后，法制工作委员会将草案印发中央有关部门、部分省（区、市）和高等院校、法学研究机构等征求意见，在中国人大网全文公布草案，征求社会公众意见。宪法和法律委员会、外事委员会、法制工作委员会召开座谈会，听取中央有关部门和专家学者的意见，并到地方进行调研。各方面普遍赞成制定外国国家豁免法，认为草案以习近平外交思想、习近平法治思想为指导，适应我国对外交往不断扩大的新形势新变化，确立我国的外国国家豁免制度，适时对我国国家豁免政策进行调整，就我国法院对外国国家及其财产民事案件的管辖等司法程序作出全面系统规定，对于统筹推进国内法治和涉外法治，完善涉外法治体系，服务高水平对外开放和"一带一路"建设，保障我国公民和法人正当权益，维护国家主权、安全、发展利益，具有重要意义。草案总体成熟可行，建议作进一步修改完善后及早出台。宪法和法律委员会于7月26日召开会议，根据常委会组成人员的审议意见和各方面的意见，对草案进行了逐条审议。外事委员会、外交部、最高人民法院有关负责同志列席了会议。8月23日，宪法和法律委员会召开会议，再次进行了审议。宪法和法律委员会认为，为了健全外国国家豁免制度，维护国家主权，促进对外友好交往，制定外国国家豁免法是必要的，草案经过审议修改，已经比较成熟。同时，提出了以下主要修改意见：

一、草案第一条规定了立法目的。有的意见提出，制定外国国家豁免法的目的是为了健全我国的外国国家豁免制度，明确我国法院对涉及外国国家及其财产民事案件的管辖，主要不是规定如何适用法律，建议对第一条中的有关表述再作研究。宪法和法律委员会经研究，建议采纳这一意见，对有关立法目的的表述作了修改完善。

二、草案第七条第二款列举了不适用国家豁免的商业活动情形。有的单位建议，在商业活动中增加"借贷"行为。宪法和法律委员会经研究，建议采纳这一意见。

三、草案第十九条第二款规定，"本法规定不影响外国国家元首、政府首脑、外交部长及其他具有同等身份官员根据中华人民共和国法律法规和中华人民共和国缔结或者参加的国际条约享有的特权与豁免。"有的部门、专家提出，在国际交往中，国家元首、政府首脑、外交部长等享有的特权与豁免主要依据国际习惯，建议进一步明确。宪法和法律委员会经研究，建议采纳这一意见。

此外，还对草案作了一些文字修改。

7月28日，法制工作委员会召开会议，邀请国际法学者、相关研究机构就草案中主要制度规范的可行性、法律出台时机等进行评估。大家普遍认为，草案符合国家利益，有利于维护国家主权，体现了国际法上的主权平等原则，内容全面、结构合理，主要制度规范是可行的；草案充分吸收了各方面意见，已经比较成熟，建议尽快审议通过。与会人员还提出了一些具体修改意见，有的意见已经采纳。

草案二次审议稿已按上述意见作了修改，宪法和法律委员会建议提请本次常委会会议审议通过。

草案二次审议稿和以上报告是否妥当，请审议。

全国人民代表大会宪法和法律委员会
2023年8月28日

全国人民代表大会宪法和法律委员会关于《中华人民共和国外国国家豁免法（草案二次审议稿）》修改意见的报告

全国人民代表大会常务委员会：

本次常委会会议于8月28日下午对外国国家豁免法草案二次审议稿进行了分组审议。普遍认为，草案已经比较成熟，建议进一步修改后，提请本次常委会会议表决通过。同时，有些常委会组成人员和列席人员还提出了一些修改意见和建议。宪法和法律委员会于8月28日晚召开会议，逐条研究了常委会组成人员和列席人员的审议意见，对草案进行了审议。外交部、最高人民法院、全国人大外事委员会有关负责同志列席了会议。宪法和法律委员会认为，草案是可行的，同时，提出以下修改意见：

一、有的常委委员提出，国家主权平等是我国宪法规定的和平共处五项原则的重要内容，是确立外国国家豁免制度的重要基础，建议进一步予以体现。宪法和法律委员会经研究，建议将草案二次审议稿第一条修改为"为了健全外国国家豁免制度，明确中华人民共和国的法院对涉及外国国家及其财产民事案件的管辖，保护当事人合法权益，维护国家主权平等，促进对外友好交往，根据宪法，制定本法。"

二、草案二次审议稿第九条规定："对于外国国家在中华人民共和国领域内的相关行为造成人身损害、死亡，或者造成动产、不动产损失引起的赔偿诉讼，该外国国家在中华人民共和国的法院不享有管辖豁免。"有的常委委员提出，有关民事法律中的"人身损害"包括"人身伤害"和"死亡"两种情形，建议将这一条中的"人身损害"修改为"人身伤害"。宪法和法律委员会经研究，建议采纳这一意见。

一些常委会组成人员提出，外国国家豁免法健全了外国国家豁免制度，明确我国法院对涉及外国国家及其财产民事案件的管辖，是涉外立法的重要成果，对于维护国家主权、安全、发展利益具有重要意义。这部法律在外国国家豁免领域确立了新的原则和制度，专业性强，涉及对外关系，应当加强宣传解读和法律实施的准备工作。宪法和法律委员会建议，最高人民法院会同外交部等及时制定配套规定，同时加强法律宣传，确保法律正确解读和一体适用。

经与有关部门研究，建议将本法的施行时间确定为 2024 年 1 月 1 日。

此外，根据常委会组成人员的审议意见，还对草案二次审议稿作了一些文字修改。

草案修改稿已按上述意见作了修改，宪法和法律委员会建议本次常委会会议审议通过。

草案修改稿和以上报告是否妥当，请审议。

全国人民代表大会宪法和法律委员会
2023 年 8 月 31 日